AF185255

Die Deutsche Bibliothek verzeichnet diese Publikation in der Deutschen Nationalbibliografie;
detaillierte bibliografische Daten sind im Internet unter https://portal.dnb.de abrufbar.

© 2021 massel Verlag, München
Alle Rechte vorbehalten.
Layout: jedernet GmbH, München
Druck: Druckerei Lokay e. K., Reinheim
ISBN 978-3-948576-02-8
verlag.massel.net
verlag@massel.net

Ein Pferd rennt verkehrt

Eine Bildergeschichte in Reimen
von Birgit Jaklitsch

massel

Der König schickt seine Boten nach Norden,
denn dort ist ein Mädchen verzaubert worden

Die Boten zu Pferde, man kann es sich denken,
rennen schnurstracks hin mit Zaubergetränken

stracks und schnur

nur

ein Pferd rennt verkehrt

Am Jahrmarkt dreht sich das Holzkarussell
„Komm, dreh dich mit uns!", ruft der Jahrmarktsgesell

Da schweben die hölzernen Tiere im Kreise
zu einer besonderen Drehorgelweise

holzbrav und stur

nur

ein Pferd schwebt verkehrt

Es weht so ein wahnsinnig süßer Duft
von glasierten Bratäpfeln durch die Luft

Am Zuckerstand stehen die Großen und Kleinen
schön brav in der Reihe und jeder kriegt einen

Glanzglasur

nur

ein Pferd schleckt verkehrt

Die Steckenpferde aus Buchenholz rollen
zur großen Stadt, wo sie bemalt werden sollen

Über Land geht die Reise, sie fahren durch Wälder
durch Rübenäcker und Krautwickelfelder

Wald und Flur

nur

ein Pferd fährt verkehrt

O jemine, die Stadt scheint verrückt
sie wird von oben bis unten geschmückt

Zur Pferdeparade werden die Mähnen
der Pferde gekämmt, lauter glänzende Strähnen

Glanzfrisur

nur

ein Pferd kämmt verkehrt

Die Brauereipferde rollen die Fässer
mit Bier auf den Berg, denn dort schmeckt es besser

Die Herrschaften sitzen schon oben und warten,
dass das Bier heraufgewälzt wird in den Garten

Starkbier pur

nur

ein Pferd wälzt verkehrt

Der Kirchturmgockel, der Wetterhahn
zeigen den Menschen die Windrichtung an

Ob Südwind, ob Ostwind, auch Windrädlein kleine
wehen genau und verlässlich wie eine

Kirchturmuhr

nur

ein Pferd weht verkehrt

Die Boten kommen zurück aus dem Norden
der Frosch ist wieder ein Mädchen geworden

Die Pferde der Boten scharrn mit den Füßen
sie wedeln fröhlich die Schweife und grüßen

König Purpur

nur

ein Pferd grüßt verkehrt

Weils Abend wird, legt sich der König in weichen
Bettfedern zur Ruhe. Die Schlosspferde schleichen

blitzleise zum Tor raus den Mond anzusehen
sie sagen: „Auf Wiedersehen, Kinder!" und gehen

nach Hintertupf
nur
ein Pferd schlupft zu uns

EINE BILDERGESCHICHTE IN REIMEN

Birgit Jaklitsch

aufgewachsen in München, hat schon als Kind gerne Texte verfasst und illustriert.

Mit einem ganz eigenen Blick auf die Welt gelingt es ihr immer, den Leser zum Schmunzeln und Nachdenken zu bringen. Eine Krankheit hindert sie seit Jahren daran ihre Hände zu gebrauchen. Also diktiert sie, was in ihrem Kopf bereits fertig konzipiert ist.

„Ein Pferd rennt verkehrt" ist ein witziges und hoffnungsvolles Büchlein, das die Welt mit einem Augenzwinkern sieht und Kinder und Erwachsene gleichermaßen anspricht.

Die Bilder und Texte entstanden von 1986 - 1991 und wurden im Selbstverlag 2006 erstmals veröffentlicht.

WEITERE TITEL IM MASSEL VERLAG

Kleiner Weihnachtsbaum

Der kleine Weihnachtsbaum wünscht sich so sehr Freunde.
Hoch oben auf einem Berg fühlt er sich ganz schrecklich
einsam. Doch dann ziehen der kleine Kai und seine große
Schwester Klara los, um im Wald ein Picknick zu machen.
Der Beginn einer wunderbaren Freundschaft!

ab 3 Jahre

ISBN 978-3-948576-01-1
Dezember 2020

Alice im Neuland

Märchen und Sachbuch zur Geschichte des Internets. Noch
nie wurde digitales Wissen so liebenswert und phantasievoll
vermittelt. Paul Andersson arbeitet seit über 20 Jahren in der
Internetbranche und hat dieses Buch für die ganze Familie
geschrieben.

8 - 99 Jahre

ISBN 978-3-948576-00-4
Herbst 2019